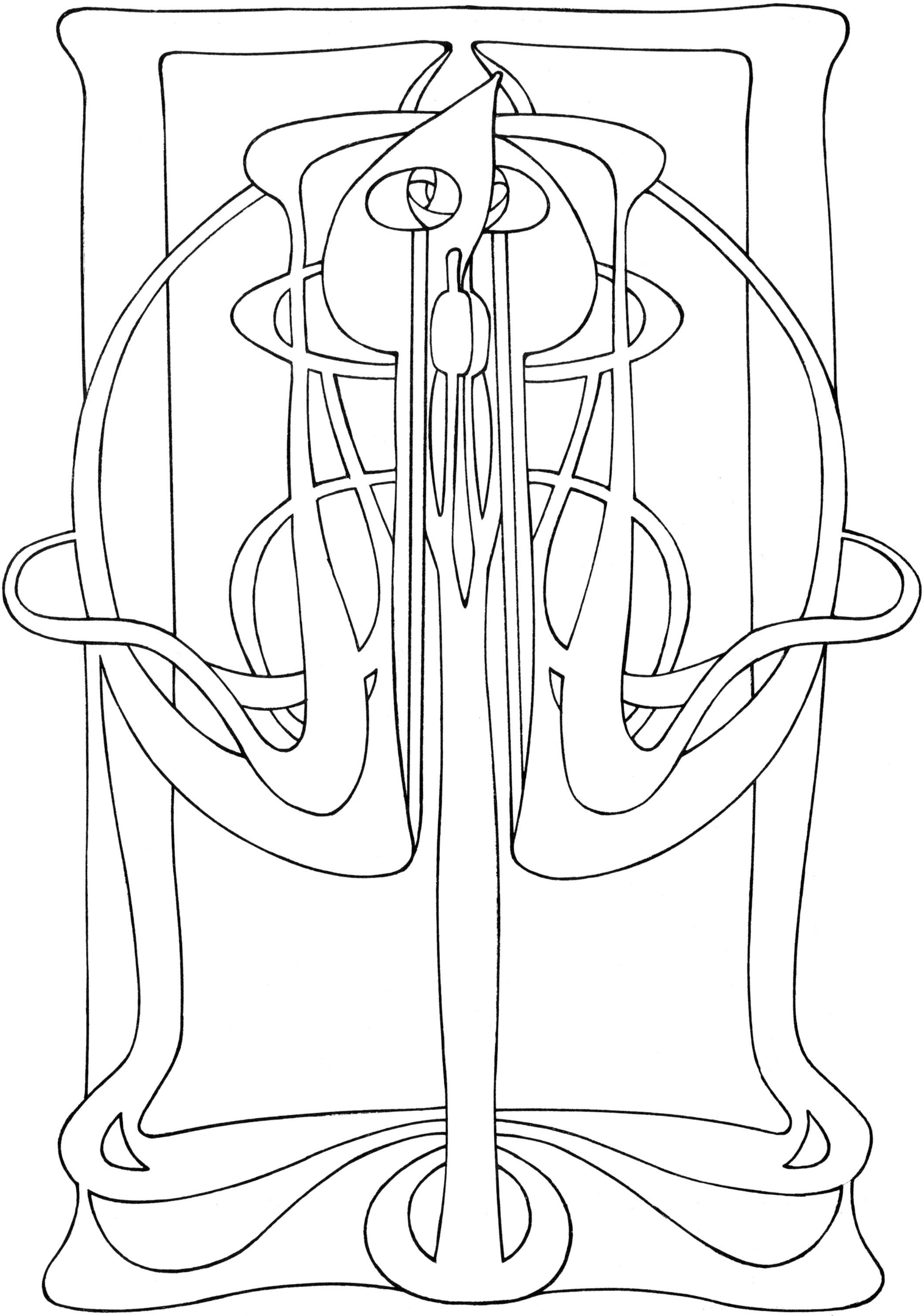

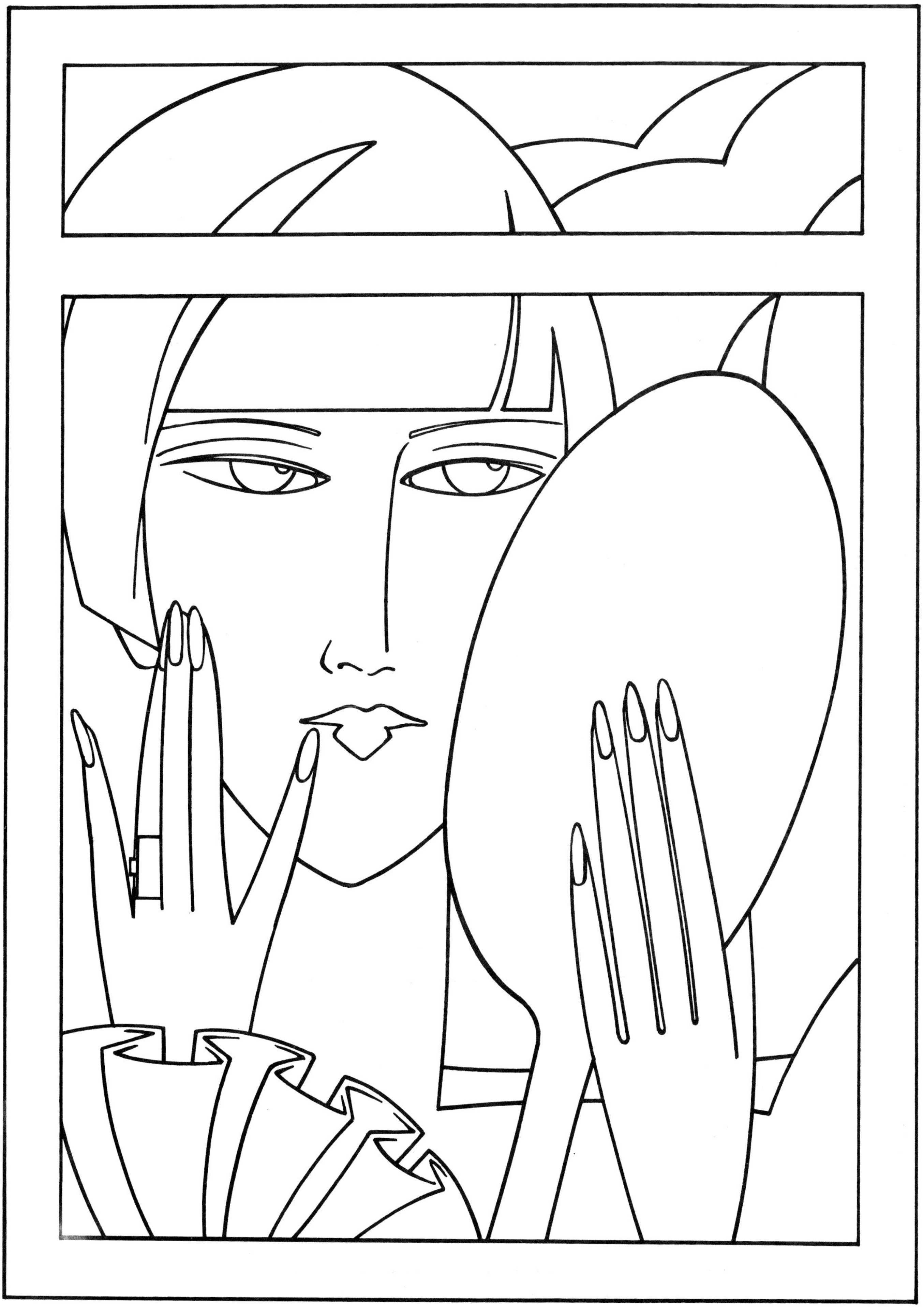

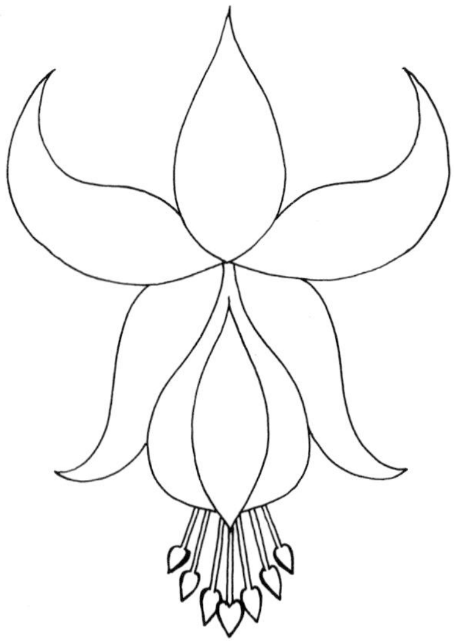

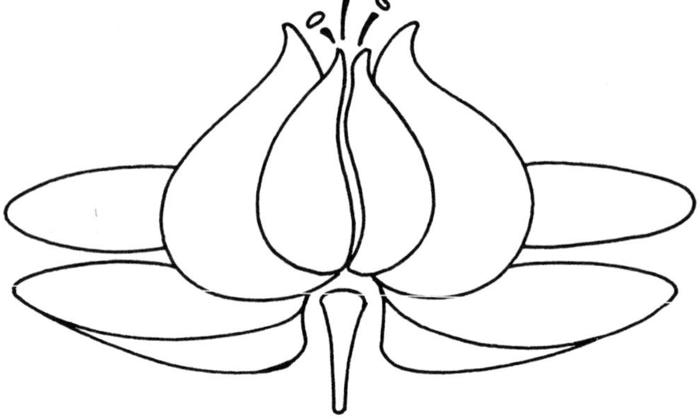

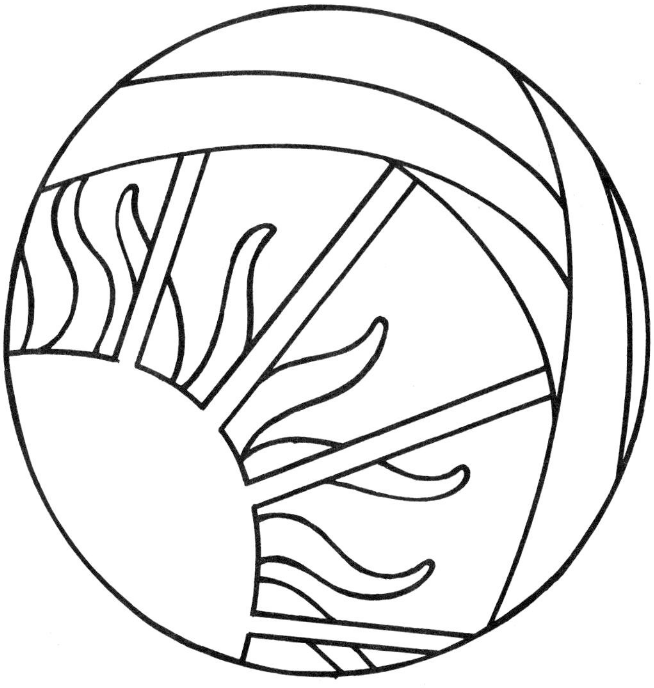

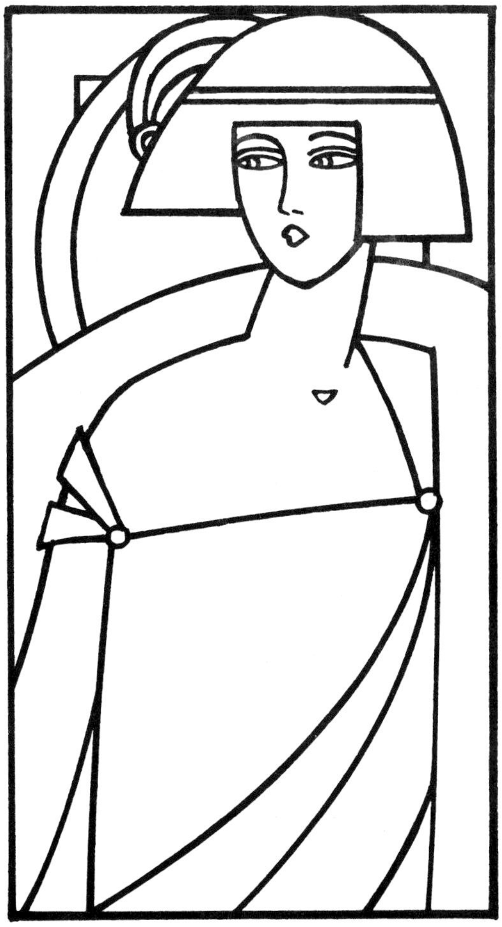

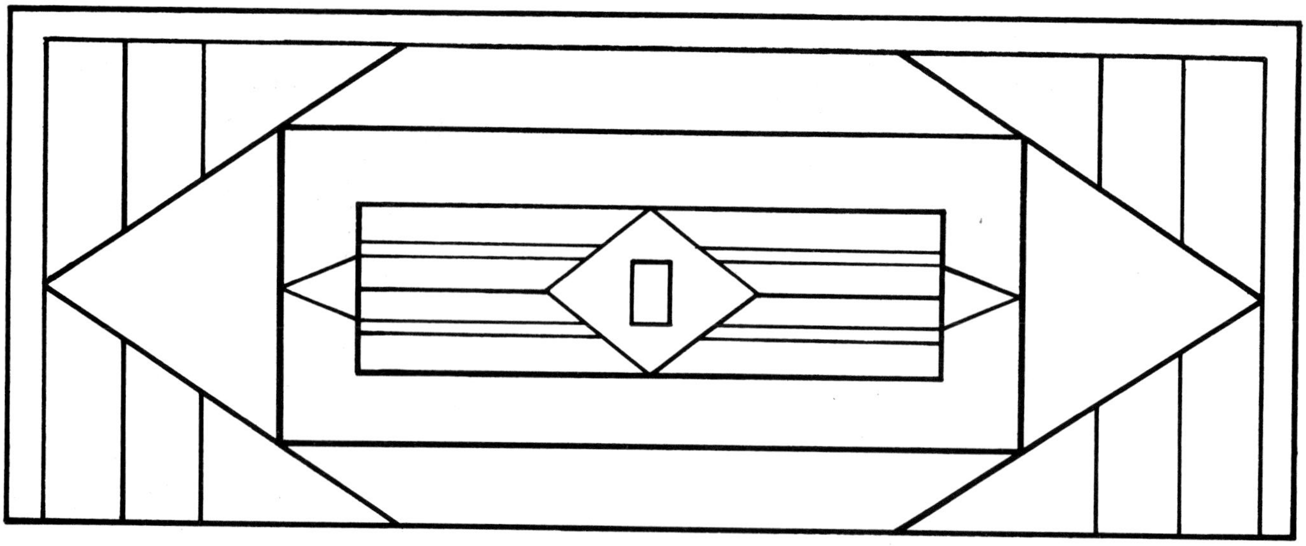

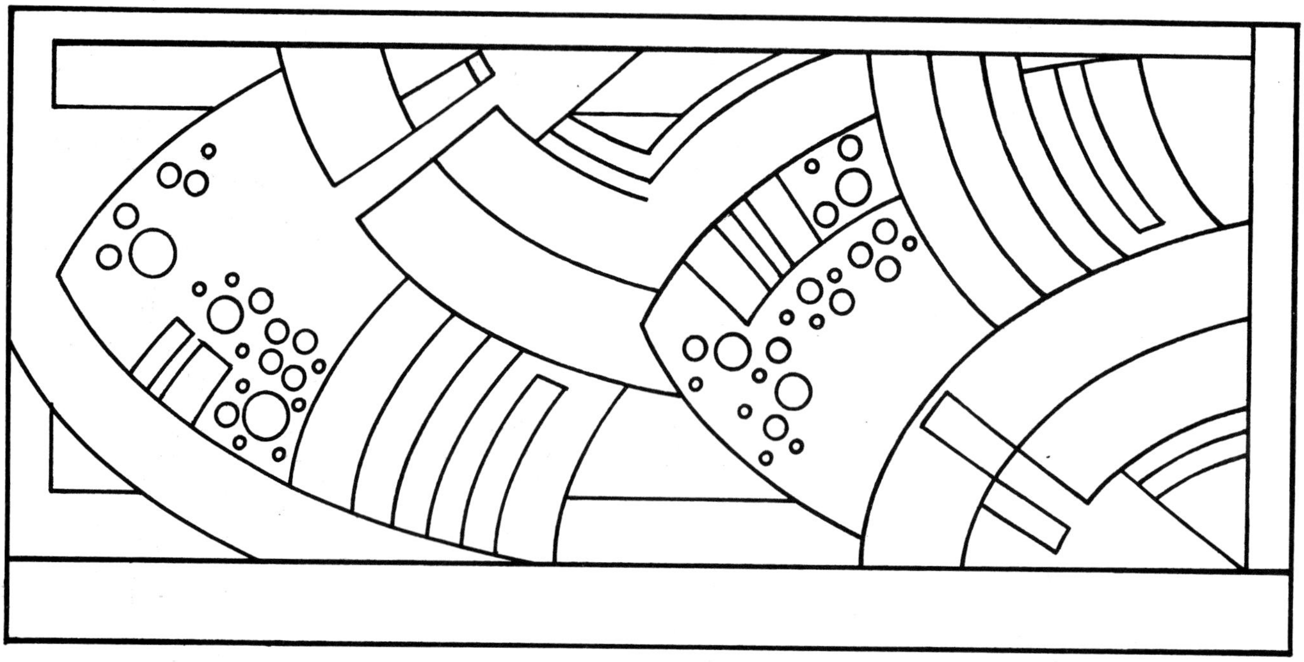

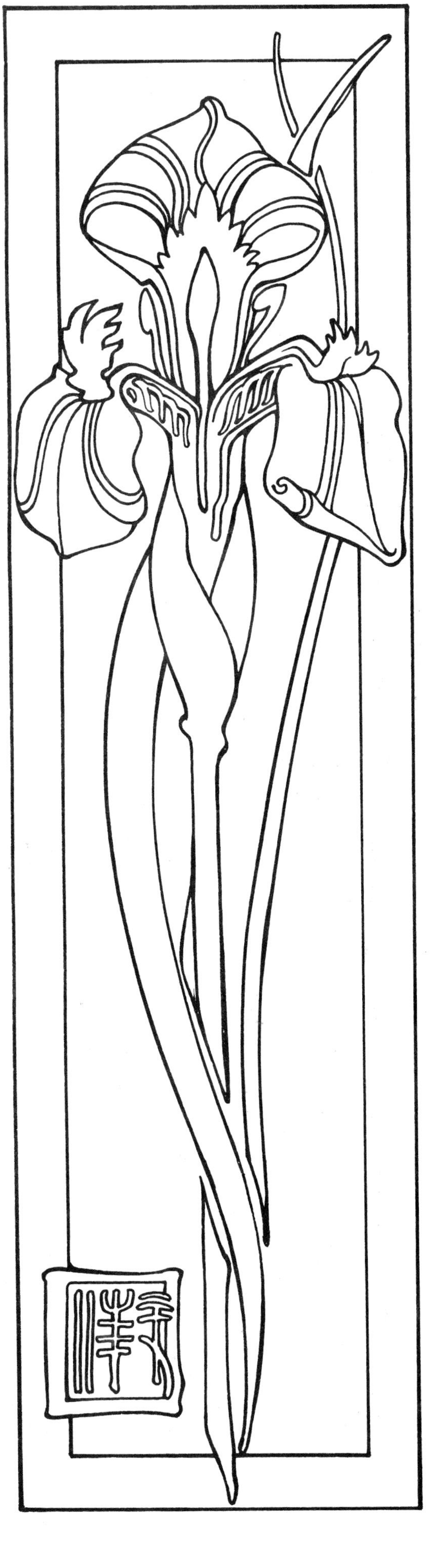

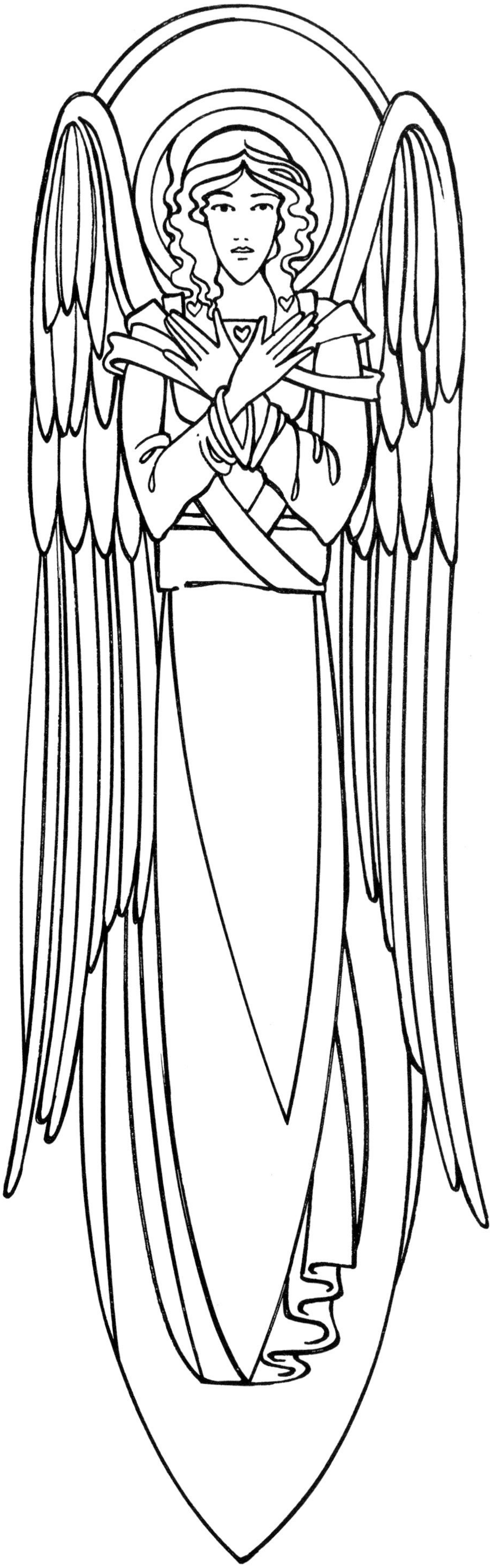

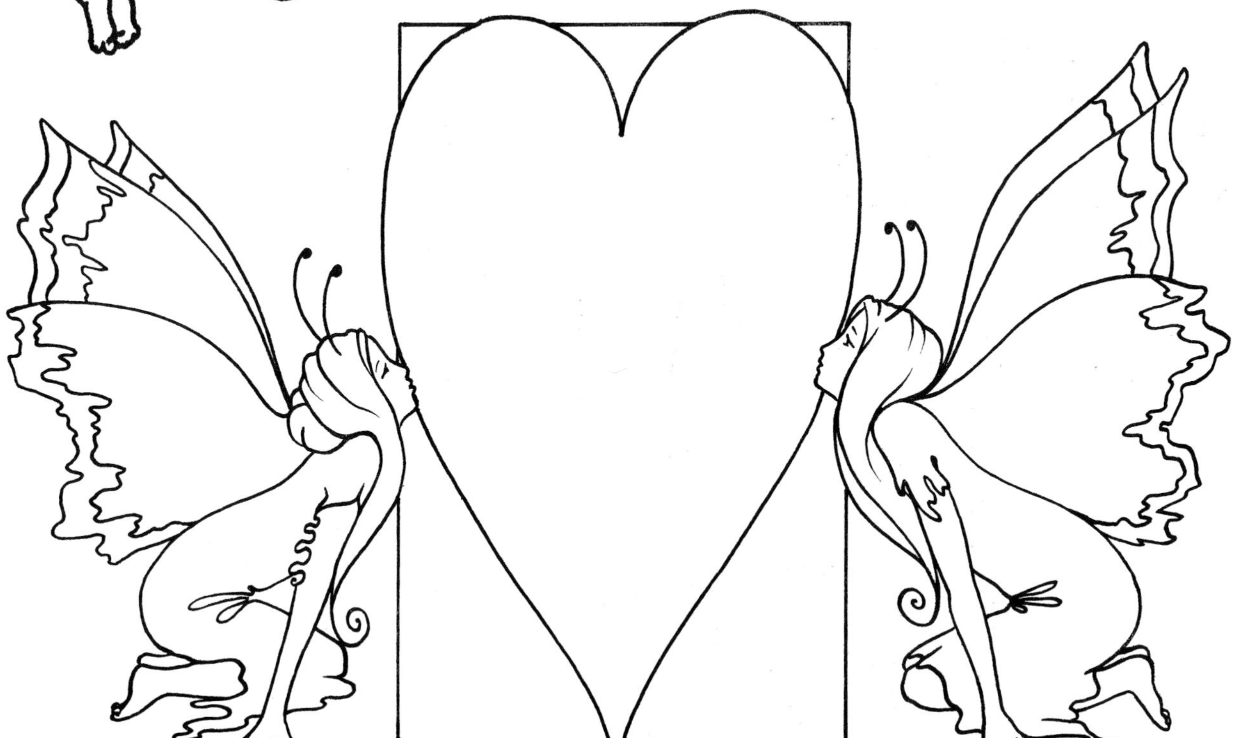

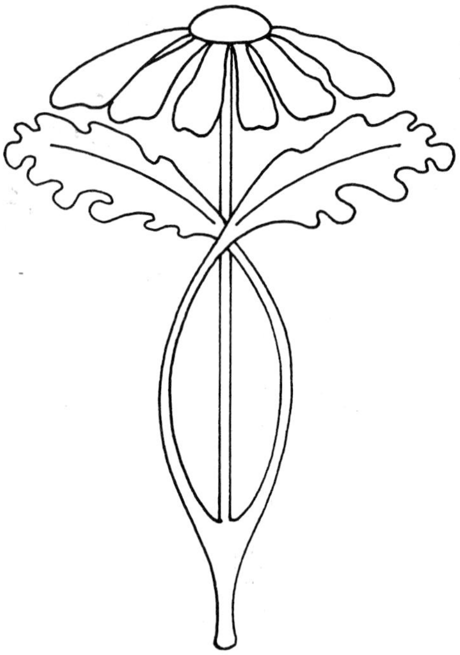
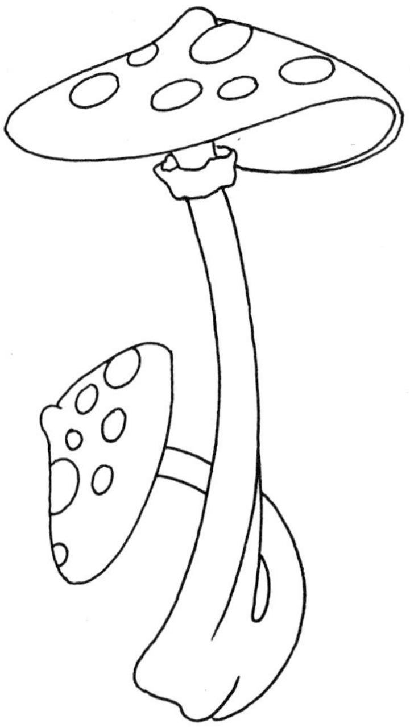

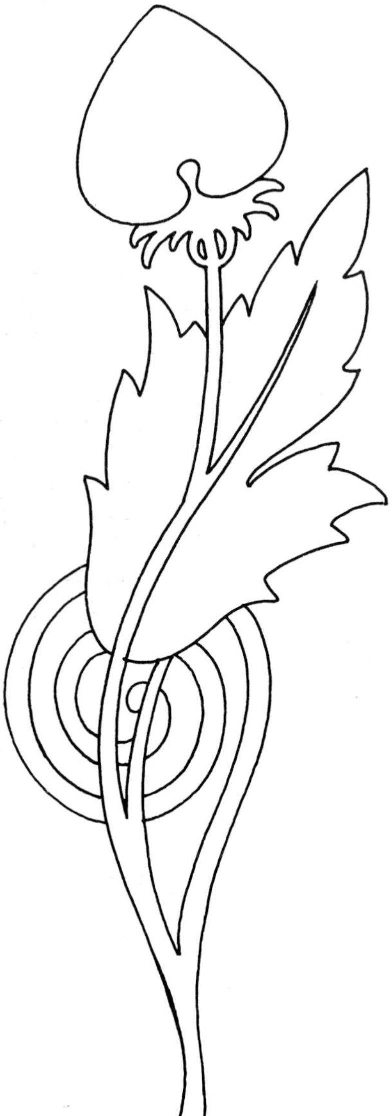

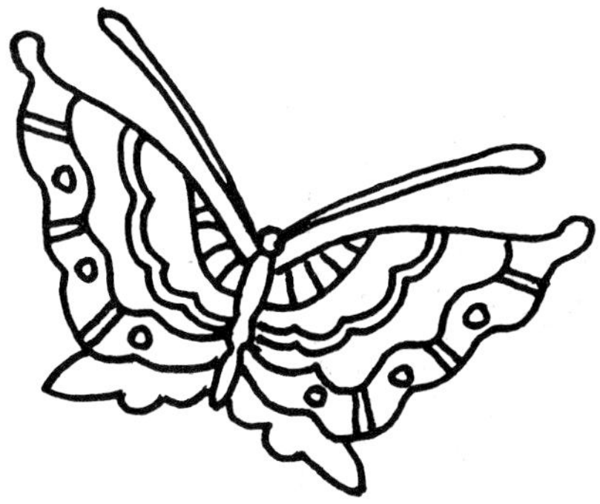
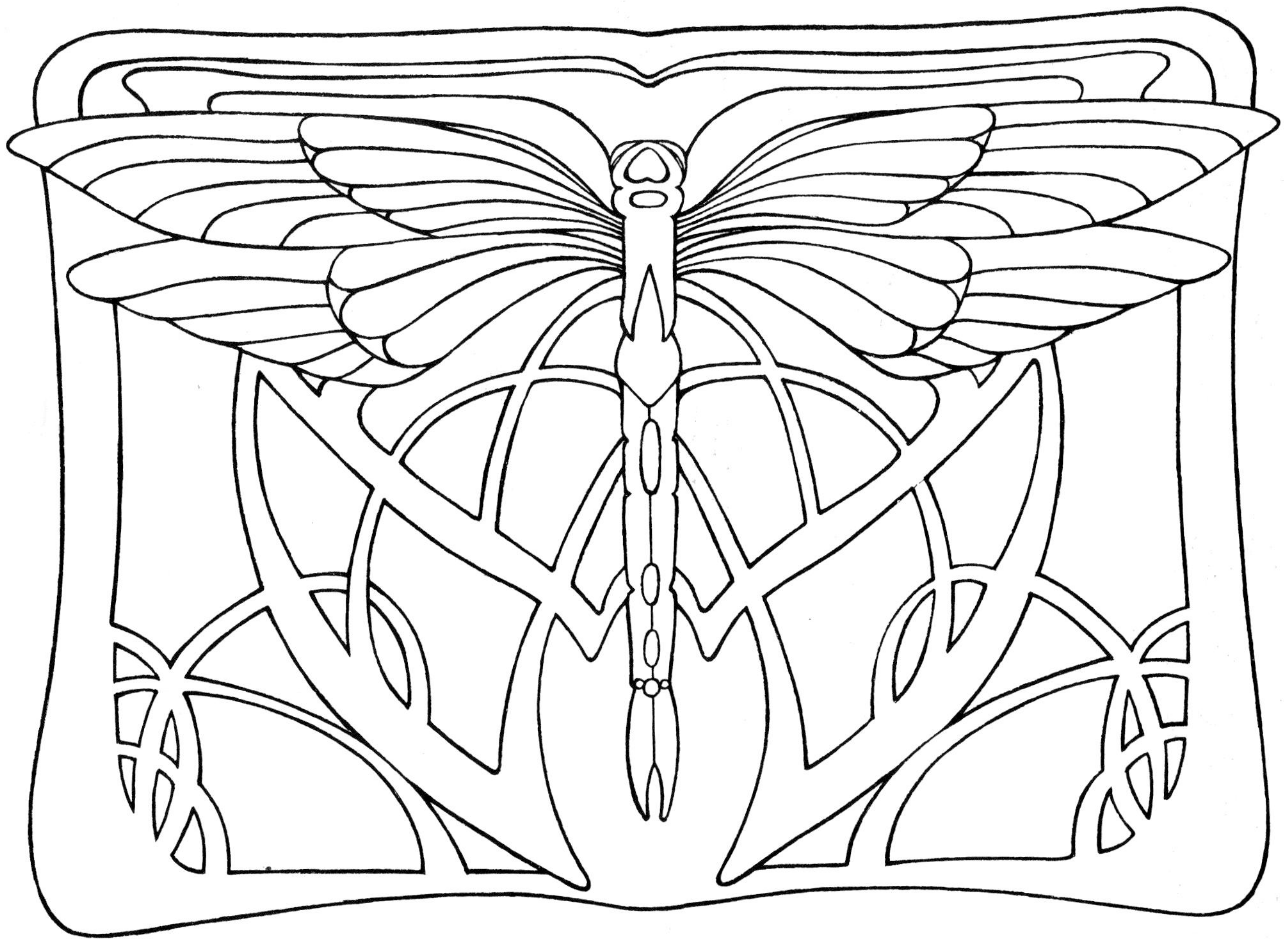

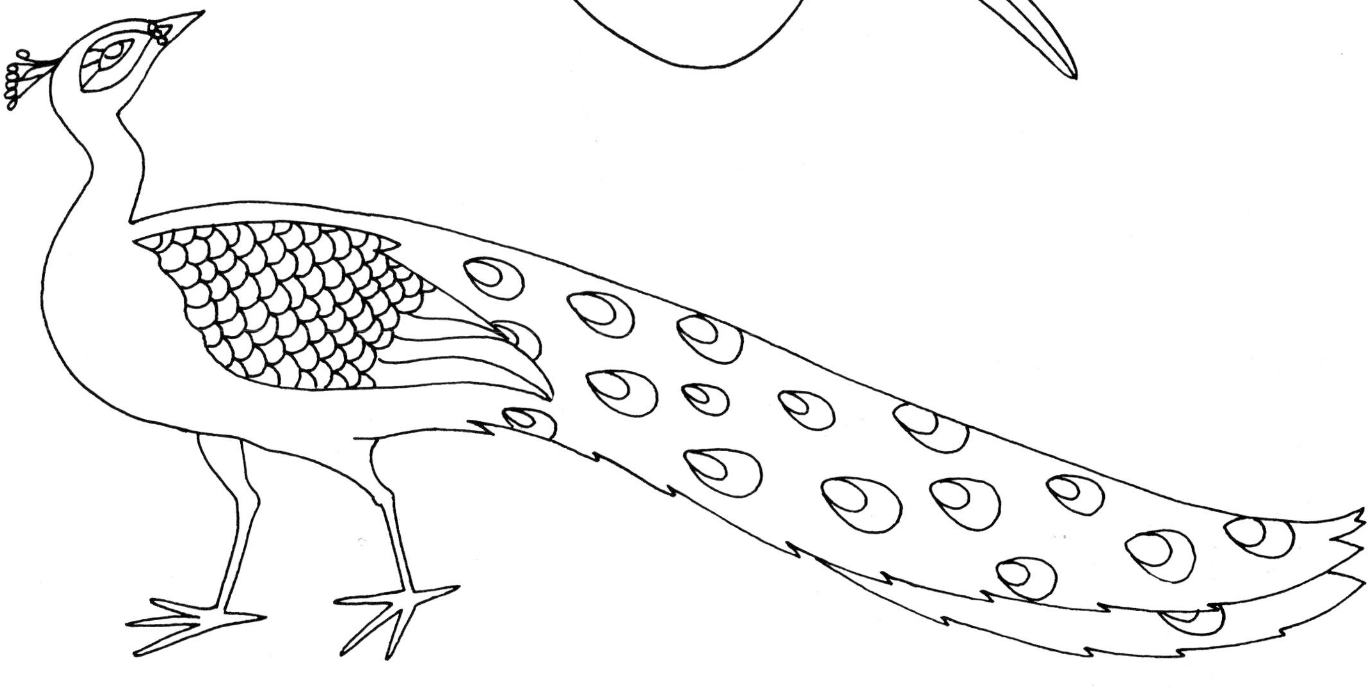

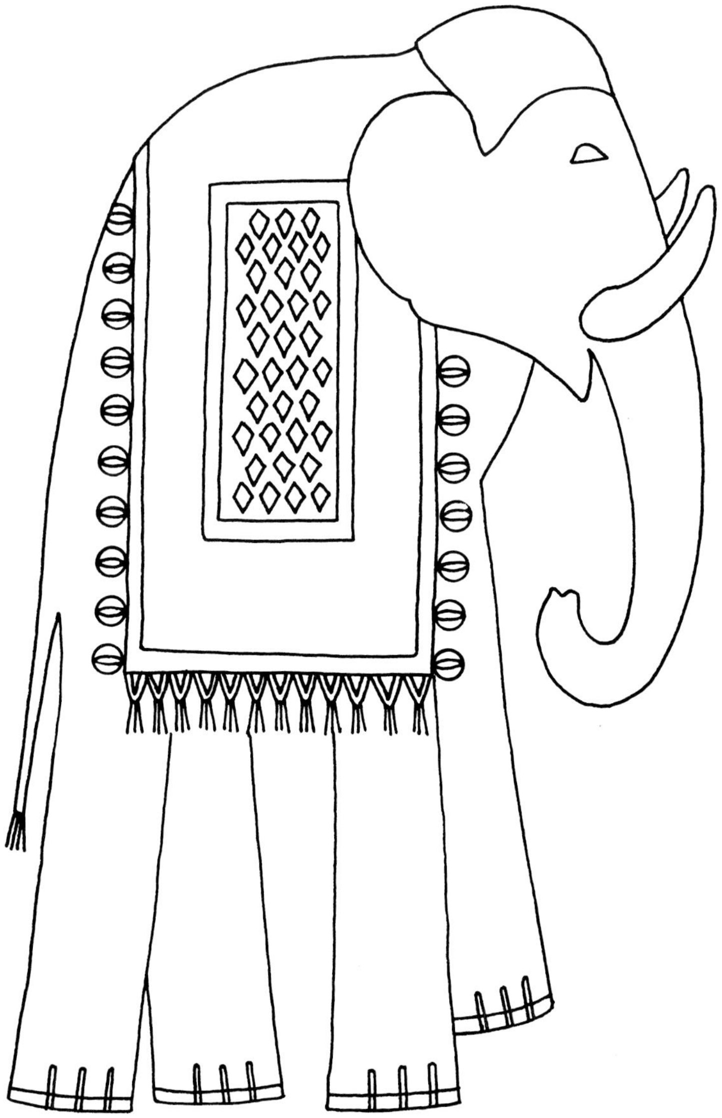

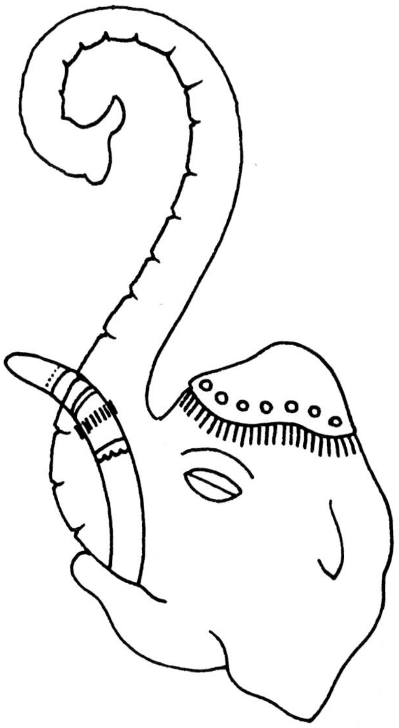

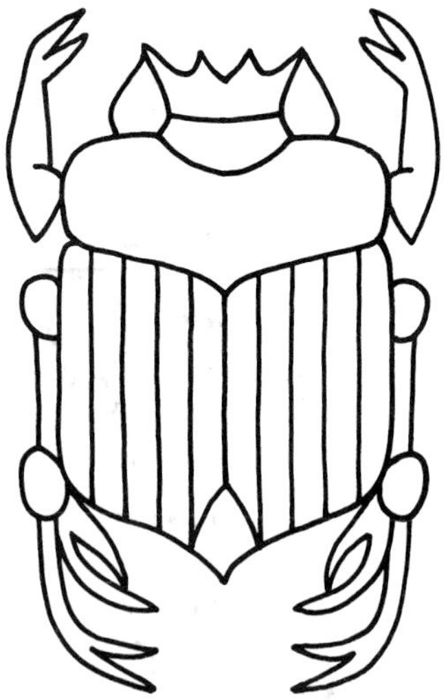

A B C
D E F
G H I

J K L
M N O
P Q R

STU
VWX
YZ

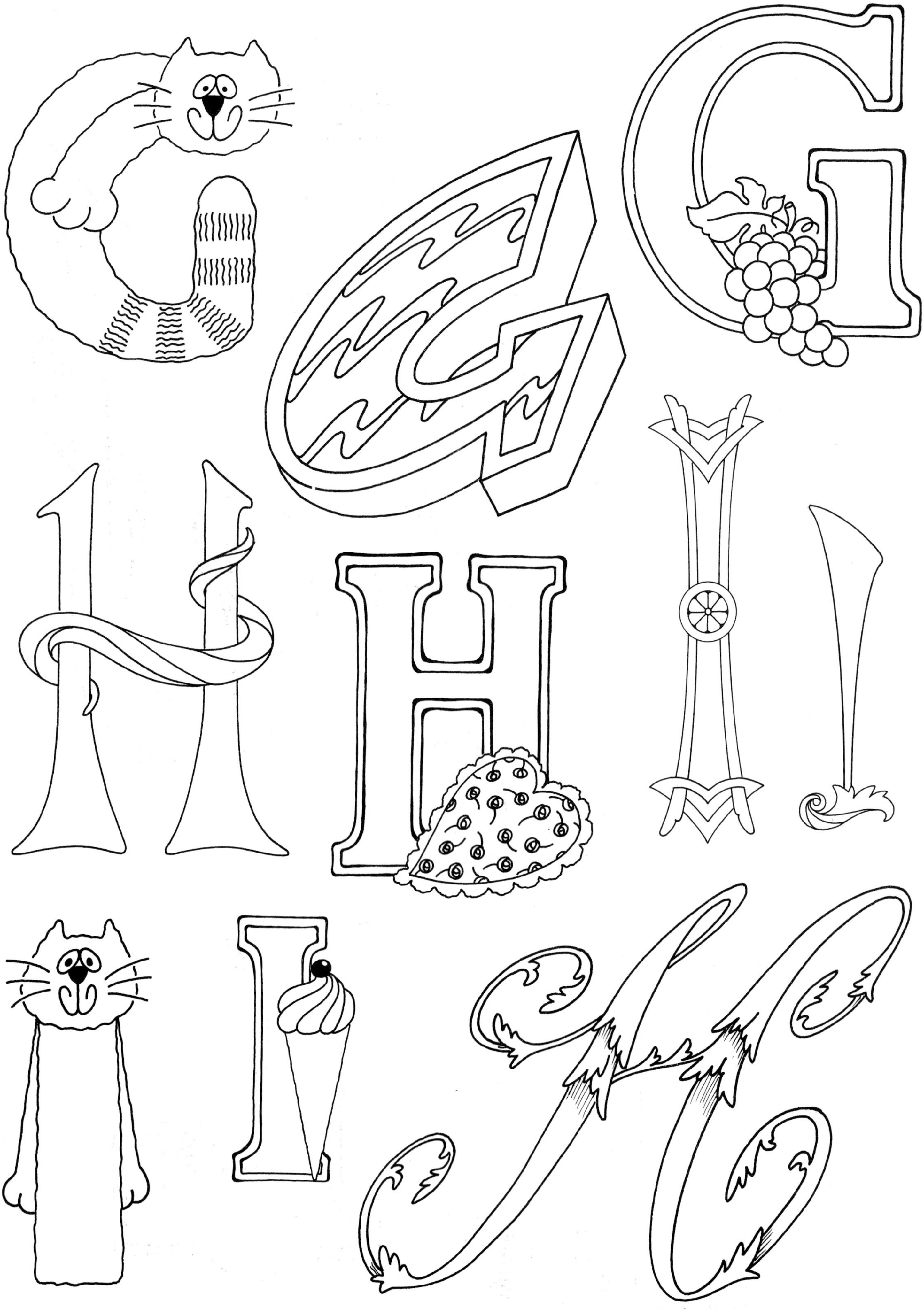

J J
K K J
L L

S S S
T T T
U U U

X X X
Y Y Y
Z Z Z